Bountiful Books Never 10/4/06 $20

Henry Hudson

Descubre la vida de un explorador
Discover The Life Of An Explorer

Trish Kline
Traducido por David Mallick

Rourke
Publishing LLC
Vero Beach, Florida 32964

www.rourkepublishing.com

PHOTO CREDITS: IRC-www.historypictures.com: cover, pages 10, 13, 14, 17, 18; © Hulton/Archive by Getty Images: title page, pages 4, 15; © The Canadian Heritage Gallery: pages 8, 21; © Artville: page 7.

Title page: American Indians met Hudson's arrival with caution.

Editor: Frank Sloan

Cover design by Nicola Stratford

Library of Congress Cataloging-in-Publication Data

Kline, Trish
  Henry Hudson / Trish Kline.
    p. cm. — (Descubre la vida de un explorador)
  Summary: Introduces the life of Henry Hudson, the English sea captain who explored the Arctic Ocean and the river and bay later named for him while in search of a northern route to the Orient.
  Includes bibliographical references and index.
  ISBN 1-58952-430-6
  1. Hudson, Henry, d. 1611—Juvenile literature. 2. America—Discovery and exploration—English—Juvenile literature. 3. Explorers—America—Biography—Juvenile literature. 4. Explorers—Great Britain—Biography—Juvenile literature. [1. Hudson, Henry, d. 1611. 2. Explorers. 3. America—Discovery and exploration—English.] I. Title.

E129.H8 K58 2002
910'.92—dc21
[B]   2002020708

Printed in the USA

CG/CG

TABLA DE CONTENIDO
TABLE OF CONTENTS

JOVEN DEL MAR

Henry Hudson nació alrededor de 1570 cerca de Londres, Inglaterra. No se conoce mucho acerca de su juventud. Pero cuando era muy joven, su vida la pasaba en el mar. En 1588, estaba a bordo de un barco inglés, luchando contra los españoles. Luego navegó al mar del Norte y a África. En estos viajes, intercambió hachas de acero por oro y especias.

MAN OF THE SEA

Henry Hudson was born about 1570 near London, England. Not much is known about his youth. But when he was very young, his life was on the seas. In 1588, he was aboard an English ship fighting the Spanish. Later, he sailed to the North Sea and Africa. On these trips, he traded steel axes for gold and spices.

Los primeros años de la vida de Henry Hudson lo prepararon para una vida de exploración.

Henry Hudson's early years prepared him for exploration.

PRIMER VIAJE

En 1607, Hudson partió en su primer **viaje** de descubrimiento. Navegó el barco *Hopewell* desde Inglaterra hasta la costa de Groenlandia. Hudson buscaba una vía por agua hasta el este de Asia. No encontró este **Pasaje al noreste**. Un año más tarde, intentó de nuevo. Pero fracasó otra vez.

FIRST VOYAGE

In 1607, Hudson sailed on his first **voyage** of discovery. He sailed the ship *Hopewell* from England to the shores of present-day Greenland. Hudson was searching for a water pathway to East Asia. He did not find this **Northeast Passage**. A year later, he tried once more. But, again, he failed.

Henry Hudson fue contratado para encontrar un Pasaje al noreste hasta Asia.

Henry Hudson was hired to find a Northeast Passage to Asia.

LAS AGUAS HELADAS DEL ÁRTICO

En 1609, partió en su tercer viaje. En el barco *Half Moon*, Hudson navegó hacia el océano Ártico. Hacía mucho frío. Hudson tenía que **navegar** entre grandes bloques de hielo.

Hudson oyó que la tripulación hablaba de hacer un motín. Pensó en lo que debía hacer. La compañía le pagaba por encontrar un Pasaje al noreste. Sin embargo, el tiempo frío y el hielo evan un peligro peligro para la tripulación y el barco.

THE ARCTIC'S COLD WATERS

In 1609, Hudson sailed on his third voyage. On the ship *Half Moon*, Hudson sailed to the Arctic Ocean. The weather was cold. Hudson had to **navigate** around large pieces of ice.

Hudson heard the crew talking of mutiny. He thought about what to do. The company was paying him to find a Northeast Passage. However, the cold weather and ice were dangers to the crew and the ship.

Grandes témpanos de hielo dificultaron el viaje de Hudson.

Large icebergs made Hudson's voyage dangerous.

UNA NUEVA META

Hudson decidió cambiar de meta. Abandonaría su búsqueda de un Pasaje al noreste. Lo que haría es encontrar un **Pasaje al noroeste** hasta China. Este cambio de planes llevó a Hudson a la costa del Nuevo Mundo.

A NEW GOAL

Hudson decided to change his goal. He would give up his search for a Northeast Passage. Instead, he would find a **Northwest Passage** to China. This change of plans brought Hudson to the shores of the New World.

Hudson guió el *Half Moon* a través del océano Atlántico. Navegó hacia el norte y entró en lo que hoy es la bahía de Delaware. Allí Hudson encontró un río ancho. Pensó que ese río era un **pasaje** al océano Pacífico.

Hudson navegó el barco río arriba. Pero este río no era el pasaje al océano Pacífico que buscaba. Otra vez había fracasado en su búsqueda de pasajes.

Hudson sailed the *Half Moon* across the Atlantic Ocean. He sailed north into present-day Delaware Bay. There, Hudson found a wide river. He thought that this river was a **passage** to the Pacific Ocean.

Hudson sailed his ship up the river. But, this river was not the passage to the Pacific Ocean. Again, he had failed to discover the passage he sought.

La tripulación de Hudson encontró muchas dificultades durante su largo viaje.
Hudson's crew experienced many hardships during their long voyage.

Hudson ofreció regalos a los indígenas a orillas del río.
Hudson offered gifts to natives along the river.

¡HELADOS!

En 1610, Hudson salió en su cuarto viaje. Llamó a su nuevo barco *Discovery*. Otra vez, esperaba encontrar un Pasaje al noroeste. Para mediados de año, había llegado a lo que hoy se llama la bahía de Hudson. Allí pasó tres meses explorando las islas.

Pronto llegó el invierno. El *Discovery* no se podía mover a causa del hielo. La tripulación volvió a quejarse. Otra vez, Hudson se enfrentó con una tripulación a punto de hacer un **motín**.

FROZEN!

In 1610, Hudson set sail on his fourth voyage. His new ship was named the *Discovery*. Again, he hoped to find a Northwest Passage. By mid-year, he had reached what we now know as Hudson Bay. There, he spent three months exploring the islands.

Winter soon arrived. The *Discovery* was frozen in for the winter. The crew grew unhappy. Hudson faced a crew ready to **mutiny.**

Hudson y su tripulación exploraron las islas alrededor de la bahía de Hudson.

Hudson and his crew explored the islands around Hudson Bay.

MOTÍN

Esta vez, Hudson no pudo evitar el motín. En la primavera de 1611, la tripulación se apoderó del barco. Colocaron a Hudson en un bote y lo alejaron del barco. El *Discovery navegó lejos*.

Cuando el barco llegó a Inglaterra, detuvieron a la tripulación. Los encarcelaron. Nunca más se supo de Henry Hudson.

MUTINY

This time, Hudson could not stop the mutiny. In the early spring of 1611, the crew took over the ship. They put Hudson in a small boat and pushed it away from the ship. The *Discovery* sailed away.

When the ship reached England, the crew was arrested. They were put in prison. Henry Hudson was never seen again.

A Hudson y a unos pocos tripulantes leales los dejaron a la deriva en la primavera de 1611.

Hudson and a few loyal members of his crew were set adrift in the spring of 1611.

DESCUBRIMIENTOS FAMOSOS

Henry Hudson es famoso por haber hecho cuatro viajes de descubrimiento. Aunque jamás descubrió un Pasaje al noroeste, prestó su nombre a un río y a una bahía. Éstos se llaman el río Hudson y la bahía Hudson.

FAMOUS DISCOVERIES

Henry Hudson is famous for having made four voyages of discovery. Though he never found a Northwest Passage, both a river and bay are named for him. These are the Hudson River and Hudson Bay.

Nunca más se supo de Hudson y su grupo de tripulantes.

Hudson and his small group of supporters were never seen again.

FECHAS IMPORTANTES
IMPORTANT DATES TO REMEMBER

1570?	Nació en Inglaterra
	Born in England
1588	Luchó contra los españoles en el mar
	Fought the Spanish at sea
1607	Navegó en su primer viaje de descubrimiento
	Sailed on first voyage of discovery
1609	Navegó las aguas del océano Ártico
	Sailed the waters of the Arctic Ocean
1610	Descubrió la bahía de Hudson
	Discovered Hudson Bay
1611	Desapareció en el mar
	Disappeared at sea

GLOSARIO / GLOSSARY

motín – rebelión contra la persona a cargo, como la tripulación contra el capitán
mutiny (MYOOT n e) – to turn against the person in charge, such as a crew turning against a ship's captain

navegar – manejar un a embarcación en cierta dirección
navigate (NAV i gayt) – to steer the way you want to go

Pasaje al noreste – una vía por agua al este de Asia
Northeast Passage (NORTH eest PAS ij) – a water pathway to East Asia

Pasaje al noroeste – una vía por agua a China
Northwest Passage (NORTH west PAS ij) – a pathway to China

pasaje – una vía por la que puede pasar un barco
passage (PAS ij) – a path through which a ship may pass

viaje – ida a un lugar lejano
voyage (VOY ij) – a trip to a faraway place

ÍNDICE/INDEX

Lecturas adicionales / Further Reading

Goodman, Joan Elizabeth. *Beyond the Sea of Ice: Voyages of Henry Hudson*. Mikaya Press, 1999.
Mattern, Joanne. *The Travels of Henry Hudson*. Raintree Steck-Vaughn, 2000.
Santella, Andrew. *Henry Hudson*. Franklin Watts, 2001.

Sitos web para visitar / Websites To Visit

http://www.pbs.org
http://www.mariner.org (The Mariner's Museum, Newport News, VA)
http://www.ianchadwick.com/hudson

Sobre la autora / About The Author

Trish Kline ha escrito varios libros de no ficción para escuelas y bibliotecas. Entre sus publicaciones se encuentran dos docenas de libros y cientos de artículos para periódicos, y revistas, así como antologías, cuentos cortos, poemas y obras de teatro.

Trish Kline has written a great number of nonfiction books for the school and library market. Her publishing credits include two dozen books, as well as hundreds of newspaper and magazine articles, anthologies, short stories, poetry, and plays.